La batalla de Chancellorsville

Una guía fascinante sobre una importante contienda de la guerra de Secesión estadounidense

© Copyright 2020

Todos los derechos reservados. Ninguna parte de este libro puede ser reproducida en ninguna forma sin el permiso por escrito del autor. Los revisores pueden citar breves pasajes en las reseñas.

Descargo de responsabilidad: Ninguna parte de esta publicación puede ser reproducida o transmitida de ninguna forma o por cualquier medio, mecánico o electrónico, incluyendo fotocopiado o grabación, o por cualquier sistema de almacenamiento y recuperación de información, o transmitida por correo electrónico sin permiso por escrito del editor.

Si bien se han realizado todos los intentos de verificar la información proporcionada en esta publicación, ni el autor ni el editor asumen ninguna responsabilidad por errores, omisiones o interpretaciones contrarias del objeto del presente documento.

Este libro es solo para fines de entretenimiento. Las opiniones expresadas son las del autor por sí solas, y no deben tomarse como instrucciones o comandos expertos. El lector es responsable de sus propias acciones.

La adhesión a todas las leyes y regulaciones aplicables, incluidas las leyes internacionales, federales, estatales y locales que rigen las licencias profesionales, las prácticas comerciales, la publicidad y todos los demás aspectos de hacer negocios en los EE. UU., Canadá, Reino Unido o cualquier otra jurisdicción es responsabilidad exclusiva del comprador o lector.

Ni el autor ni el editor asumen responsabilidad alguna en nombre del comprador o lector de estos materiales. Cualquier leve percibido de cualquier individuo u organización es puramente involuntario.

Tabla de contenidos

INTRODUCCIÓN 1
CAPÍTULO 1 - ANTECEDENTES 3
CAPÍTULO 2 - NORTE Y SUR: COMPARACIONES 5
CAPÍTULO 3 - RESUMEN DE LAS BATALLAS ANTES DE
CHANCELLORSVILLE 8
CAPÍTULO 4 - LÍDERES DE HOMBRES 14
CAPÍTULO 5 - PRELUDIO EN FREDERICKSBURG....................25
CAPÍTULO 6 - DOS PLANES, UN RESULTADO 35
CAPÍTULO 7 - LA ÚLTIMA CARGA DE JACKSON 47
CONCLUSIÓN 60
REFERENCIAS 61

Introducción

A través de los siglos, ha habido batallas que han trascendido el tiempo. Mientras que muchas batallas (algunas de ellas bastante decisivas a su manera) han pasado a la historia como una mera anécdota histórica, otras viven con nosotros durante siglos o incluso milenios después de que tuvieran lugar.

La resistencia de los 300 en las Termópilas, la derrota de los persas de Alejandro en Gaugamela, la victoria de César sobre los galos en Alesia, los triunfos revolucionarios de Napoleón antes de su derrota en Waterloo (un símbolo en sí mismo de total derrota), la victoria estadounidense en Yorktown para poner fin a la guerra de independencia, Gettysburg, la batalla del Somme en la Primera Guerra Mundial, Pearl Harbor, Stalingrado, la Bulge, la ofensiva Tet... y muchas otras más.

Para los eruditos militares, historiadores de salón y aficionados de la guerra civil americana, hay otra batalla que debería incluirse en esa lista, ya que fue una obra maestra de la planificación y la ejecución militar, aunque su impacto en el momento en el que se produjo fue menos decisivo que el que le otorgaron los oficiales y hombres que la estudiaron después.

La batalla de Chancellorsville tuvo lugar en 1863. Ciento cincuenta y siete años después, lo que Robert E. Lee y Thomas J. "Stonewall" Jackson hicieron en ese campo de batalla en Virginia todavía se está enseñando en la Academia Militar de los Estados Unidos, también conocida como West Point, y otras escuelas militares de todo el mundo. Esta batalla, más que ninguna otra en la guerra civil estadounidense, consolidó a estos dos líderes militares del sur como leyendas, como comandantes audaces e innovadores del campo de batalla. De hecho, la contienda ha llegado a llamarse "la batalla perfecta de Lee". Jackson, sin embargo, no viviría para disfrutar de los laureles de su victoria, pero discutiremos su papel en gran detalle hacia el final de este volumen.

Con sus victorias en Chancellorsville y en Fredericksburg, que tuvo lugar inmediatamente después, el ejército confederado fue capaz de llevar a cabo su invasión del norte. Y acabó en una pequeña ciudad en Pensilvania llamada Gettysburg, pero la historia de esa batalla queda para otro momento.

Capítulo 1 – Antecedentes

Seamos claros: la guerra de Secesión se libró por la esclavitud. Algunos pueden argumentar que el conflicto se libró por los "derechos de los estados", y esta teoría puede tener algo de lógica. Sin embargo, por lo que el sur luchó principalmente fue para mantener la esclavitud.

Desde su creación, los Estados Unidos habían tenido una lucha interna sobre el asunto de la esclavitud. ¿Cómo podía una nación fundada en el principio de que "Todos los hombres son creados iguales" permitir la esclavitud de los demás? La gente de hoy en día sigue luchando por ese derecho. En aquel tiempo, la mayoría de los blancos en el sur y un buen número en el norte pensaba que los "africanos" -nombre políticamente correcto que muchos usan- no eran *personas.*

Al comienzo de la guerra civil, los africanos habían estado en cautiverio en América del Norte durante aproximadamente dos siglos y medio. Fueron capturados o comprados a otros africanos o comerciantes de esclavos árabes en África y luego llevados al hemisferio occidental. También fueron criados en la esclavitud. Los niños y sus padres fueron separados al igual que animales en propiedad. Con la ratificación de la Constitución de los Estados

Unidos en 1787, los esclavos fueron clasificados con el valor de "tres quintas partes" de una persona para asuntos fiscales, censales y políticos.

En los años entre el establecimiento de los Estados Unidos y el inicio de la guerra civil en 1861, el gobierno y el pueblo de Estados Unidos se enfrentaron por el tema de la esclavitud. En 1852, con la publicación de *La cabaña del tío Tom* de Harriet Beecher Stowe, muchas personas en el norte comenzaron a presionar para que se aboliera la esclavitud en todo el país o, al menos, para prevenir que se crearan nuevos "estados esclavos".

En el sur, donde la economía se basaba en la agricultura, la petición para limitar o eliminar su fuente de mano de obra libre enfureció al pueblo. El norte, que era mucho más poblado que el sur, también era mucho más rico y era visto por muchos (especialmente por las clases dominantes en la parte sur del país) como un territorio ansioso de poder. Consideraban que los hombres del norte estaban tratando de ganar más poder al liberar a los esclavos, ya que los estadounidenses negros liberados se pondrían del lado político de los norteños. Y el modo de vida sureño, que era visto como "refinado y aristocrático", se extinguiría.

En la década de 1850 se desató una guerra entre Kansas y Misuri, dos territorios que luchaban por convertirse en estado, y esta contienda se transformó en un campo de batalla literal sobre la cuestión de la expansión de la esclavitud. A finales de 1860, prácticamente todo el mundo en los Estados Unidos creía que la guerra civil era inevitable, y el 20 de diciembre de ese año, Carolina del Sur se convirtió en el primer estado en separarse de la Unión.

También es interesante notar (y algunos defensores del sur lo usan cono argumento de "derechos de los estados") que una serie de estados en los que la esclavitud era legal permanecieron en la Unión. Estos eran Maryland, Delaware, Kentucky y Missouri (aunque estos dos últimos tenían un número significativo de hombres que luchaban por el sur).

Capítulo 2 – Norte y sur: comparaciones

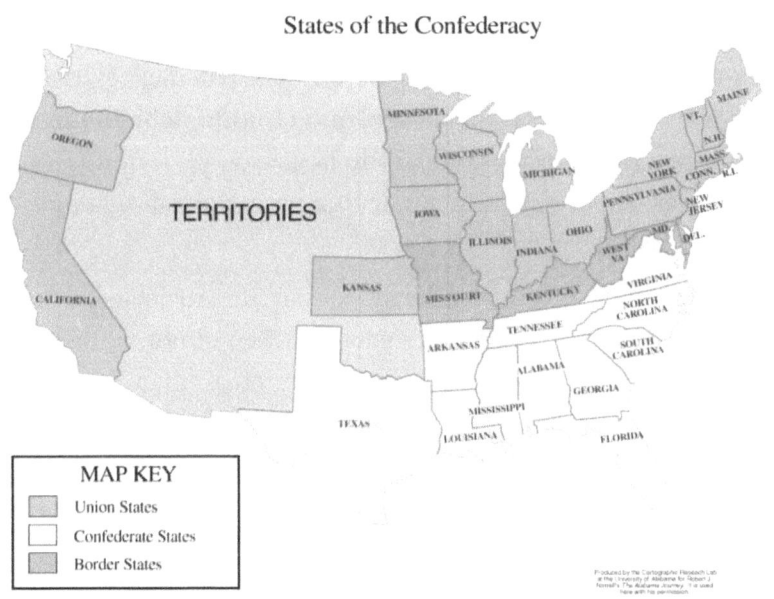

En un corto período de tiempo, los once estados del sur conformaron la confederación secesionista de la Unión. En el sur existía el concepto erróneo popular de que los norteños no lucharían por mantener al sur en la Unión, o al menos, que no lucharían por mucho tiempo, especialmente una vez que empezara a correr la sangre. Por razones con las que se podría escribir otro libro, muchos de los hombres del sur, ya fueran de las clases altas con aire aristocrático e ideas de "honor" marcial o granjeros y leñadores, sentían que los hombres del norte eran blandos. Creían que eran chicos de la ciudad sin experiencia en peleas, o granjeros que pensaban que sus ricas tierras se cultivaban por sí solas, con poco trabajo.

La precariedad material del sur era pasada por alto o menoscabada por muchos. El sur era abrumadoramente agrícola, con pocas industrias que se ubicaban principalmente en las ciudades o cerca de la costa, como Richmond, Charleston, y Atlanta. Esto también influía en su limitada capacidad de guerra. Los confederados no tenían las armas que necesitaban cuando estalló la guerra, y por eso algunos de los movimientos iniciales del sur fueron dirigidos a apoderarse de arsenales federales y bases del ejército en el sur.

Sin embargo, como se haría cada vez más patente, el sur no pudo mover tropas con la misma eficacia que el norte debido a la falta de ferrocarriles. En la segunda mitad de la guerra, el norte fue capaz de desplazar las tropas rápidamente de una parte del país a la otra, como sus estrategias exigían.

Por último, la mayor debilidad del sur fue su falta de mano de obra. Veintidós millones de personas vivían en el norte, mientras que el sur contaba con nueve millones. De estos nueve millones de habitantes, más de tres millones eran esclavos. Este gran número de esclavos también significaba que una parte considerable de los varones blancos del sur tenían que permanecer fuera del ejército, ya que los levantamientos de esclavos fueron una preocupación constante durante la guerra. Sorprendentemente, sin embargo, en el primer año de la guerra, antes de que el norte se tomara en serio el conflicto, las fuerzas confederadas del campo casi igualaron a las de la Unión.

A pesar de todos estos problemas, el sur gozaba de algunas ventajas durante la guerra. Ante todo, no tuvieron que atacar el norte.

Los defensores casi siempre tienen una ventaja en las guerras modernas (y algunos historiadores creen que la guerra civil de los Estados Unidos fue la primera guerra "moderna"). El sur podía fortalecerse y defenderse. No tenían que desperdiciar su mano de obra en una invasión del norte, como hizo Robert E. Lee en el verano de 1863. Algunos todavía cuestionan esta decisión, pero esa es una historia para otro momento.

La Confederación también tenía una clara ventaja en liderazgo. Si bien ciertamente había malos generales sureños, al comienzo del conflicto la escala de liderazgo estaba decididamente inclinada a favor del sur. Aunque se trata de una generalización, muchas de las principales familias sureñas esperaban que sus hijos sirvieran al menos algún tiempo en el ejército, ya que era lo "varonil" que se debía hacer. Un segmento desproporcionadamente grande del cuerpo de oficiales del ejército de los Estados Unidos era del sur, y muchos de ellos, como Lee y Jackson, habían adquirido experiencia en combate y liderazgo en la guerra mexicano-americana en la década de 1840.

Al comienzo del conflicto, muchos de los generales del norte eran políticos designados o habían pasado gran parte de su vida sentados en un despacho. No fue hasta la mitad de la guerra cuando los oficiales de nivel inferior y medio del norte, que eran jóvenes, capaces y con experiencia de combate a sus espaldas, pasaron a posiciones de liderazgo superior.

Pero esos líderes no estuvieron presentes en la batalla de Chancellorsville en la primavera de 1863.

Capítulo 3 – Resumen de las batallas antes de Chancellorsville

La batalla de Chancellorsville llegó casi en la mitad de la guerra civil y, aunque ciertamente tuvieron contratiempos, el ejército confederado lo hizo inesperadamente bien, sorprendentemente bien para los hombres en Washington D.C., en 1861. Al igual que con la mayoría de las guerras, ambos bandos creían que sus ejércitos barrerían hacia adelante y terminarían la guerra rápidamente. Si alguna vez escucha a un general o político decir: "La guerra habrá terminado para Navidad", casi puede estar seguro de que no lo hará. La historia lo demuestra.

En términos muy generales, los hombres de la Unión consideraban a sus enemigos como obsoletos y anticuados, al menos en lo que respecta a su pensamiento aristocrático y sus ideas de "honor". También imaginaban al soldado sureño promedio como un leñador descalzo que no era demasiado inteligente. Tenían razón sobre lo primero, superaban al sur en número. Sin embargo, las ideas de honor y su supuesto pensamiento aristocrático eran exageradas. Estos conceptos jugaron en beneficio del sur, ya que los hombres seguían a los líderes naturales y a menudo los nombraban por su cuenta. Con demasiada frecuencia en el norte, los oficiales eran políticos designados, oficiales de oficina que no habían visto un campo de batalla en años o nunca, u hombres que simplemente se enfundaban el uniforme de general.

Uno de los estereotipos del norte respecto al sur fue el ya mencionado "hombre del bosque". Piénselo un momento. Es cierto que una parte significativa del ejército confederado era pobre, inculto y analfabeto. Algunos historiadores de izquierda han dicho, con cierta precisión, que los pobres blancos del sur tenían más en común con los esclavos que con las familias líderes que poseían la mayor parte de la tierra y las fabulosas fincas como la ficticia Tara en *Lo que el viento se llevó*.

Pero, ¿qué significaba eso para el ejército confederado? Los soldados no necesitaban ser inteligentes o incluso alfabetizados, especialmente en la década de 1860. El ejército estaba lleno de hombres acostumbrados a trabajar duro y cazar para su cena. Para decirlo sin rodeos, los hombres del sur podían disparar y luchar.

Por supuesto, los sureños cometieron los mismos errores en lo referente a su visión sobre los soldados del norte. No todos los oficiales del norte habían pasado su vida en estas posiciones; muchos habían tenido que cazar para complementar sus ganancias. En cuanto a los "chicos de la ciudad" de Nueva York, Chicago, Filadelfia y Boston, también sabían usar sus puños y no les importaba pelear.

Los que tienen un conocimiento superficial de la guerra a veces cometen el error de pensar que el conflicto solo estuvo formado por las grandes y más famosas batallas que leemos en los libros de historia o vemos en la televisión. Sin embargo, los combates se produjeron todos o casi todos los días. Las batallas de la guerra civil son demasiado largas para expandirnos en este libro, así que trataremos de pasar por ellas con brevedad antes de llegar a la batalla de Chancellorsville. Basta decir que, en un corto período de tiempo, la gente de ambos lados se dio cuenta de que la guerra probablemente iba a ser larga y costosa.

En 1861 se inició la guerra civil, y comenzó con el asedio de Fort Sumter en el puerto de Charleston, Carolina del Sur. Como muchos saben, después de una prolongada cañonada, el puesto avanzado de la Unión se rindió, y los secesionistas del sur vitorearon el triunfo enloquecidamente.

La primera batalla terrestre de la guerra civil no fue la primera batalla de Bull Run, como la mayoría cree, sino una incursión en Philippi, en lo que entonces era el oeste de Virginia (Virginia Occidental se convirtió en un estado separado durante la guerra). Aunque fue una batalla relativamente pequeña -hoy en día se considera una escaramuza-, esta victoria de la Unión convenció a muchos norteños de que la guerra sería corta.

La primera batalla terrestre a gran escala de la guerra fue bautizada en relación a dos características geográficas. En el norte fue y sigue siendo conocida como la primera batalla de Bull Run, llamada así por el pequeño río que atraviesa parte del campo donde se produjo el enfrentamiento. Los sureños conocen la contienda como la primera batalla de Manassas por el nombre del cruce de la ciudad en la zona. El campo de batalla estaba a solo 40 kilómetros de Washington D.C., y tuvo lugar el 21 de julio de 1861. Los periodistas, amantes de las fiestas y las celebridades de Washington recogieron cestas de picnic y fueron en carruaje al lugar de la batalla, sabiendo que se estaba preparando una batalla en la zona (en esta etapa de la guerra, los movimientos de tropas apenas estaban ocultos). Los observadores esperaban una batalla napoleónica anticuada y bien organizada (al menos eso es lo que habían decidido creer) y una victoria decisiva de la Unión.

Veinte mil sureños se encontraron con treinta y cinco mil soldados de la Unión en Bull Run, y después de horas de lucha con ataques de la Unión mal dirigidos, los rebeldes contraatacaron, flanqueando a la Unión por la derecha y creando pánico en sus líneas. Los soldados de la Unión, aterrorizados y algunos terriblemente heridos, salieron corriendo o fueron rescatados entre gritos a través de los espectadores aterrorizados, que se dieron cuenta demasiado tarde de que la guerra no era una atracción para contemplar.

A pesar de su victoria, los rebeldes eran muy pocos y estaban demasiado desorganizados para dirigirse hacia Washington D.C., pero la batalla mostró que los sureños eran capaces de derrotar al ejército de la Unión en batalla y con quince mil hombres menos.

Durante la guerra, los rebeldes y sus líderes se ganaron una reputación bien merecida por sus ataques audaces, pero fue durante la defensa de Bull Run/Manassas cuando uno de los hombres más famosos de la guerra civil se ganó su nombre de guerra. Thomas Jonathan Jackson, un graduado de West Point, veterano de la guerra mexicano-estadounidense, e instructor de artillería en el Instituto Militar de Virginia, detuvo los repetidos ataques de la Unión durante la batalla. El general del sur Barnard Bee Jr. reunió a sus hombres para laurear a Jackson. Dijo de él que había permanecido "en pie como un muro de piedra".

La guerra también tuvo lugar en el mar. El 14 de marzo de 1862, el acorazado *USS Monitor* de la Unión se reunió con el *CSS Virginia* en Hampton Roads, Virginia, en la primera batalla mundial entre barcos blindados. La mayoría del mundo conoce esta batalla como *Monitor* vs. *Merrimack* (este último barco fue renombrado después de que le pusieran el chapado de hierro).

Entre marzo y junio de 1862, Thomas Jonathan Jackson, conocido como "Stonewall" (Muro de Piedra), dirigió una brillante campaña en el valle Shenandoah de Virginia que todavía se considera una obra maestra de la guerra móvil. Esta campaña hizo tambalearse a la Unión desequilibrada y provocó el caos en un área de suministro vital.

A principios del verano de 1862, el general de la Unión George McClellan, equipado con un poderoso ejército, intentó flanquear a los confederados en Virginia con el fin de capturar la capital de Richmond. Creyendo que era inferior en número (definitivamente no lo era), McClellan se movió lenta y cautelosamente después de asegurar al presidente Abraham Lincoln que capturaría la capital del sur en una rápida y abrumadora carrera por la península entre los ríos James y York al sur de la ciudad. Durante la batalla, el general confederado Joseph E. Johnston fue herido, y Robert E. Lee tomó el mando del ejército confederado del norte de Virginia.

Esto condujo a lo que se conoce como las batallas de los Siete Días, que incluyeron la sangrienta batalla de Malvern Hill. El resultado fue una victoria confederada y una pérdida vergonzosa para el ejército de la Unión y su comandante.

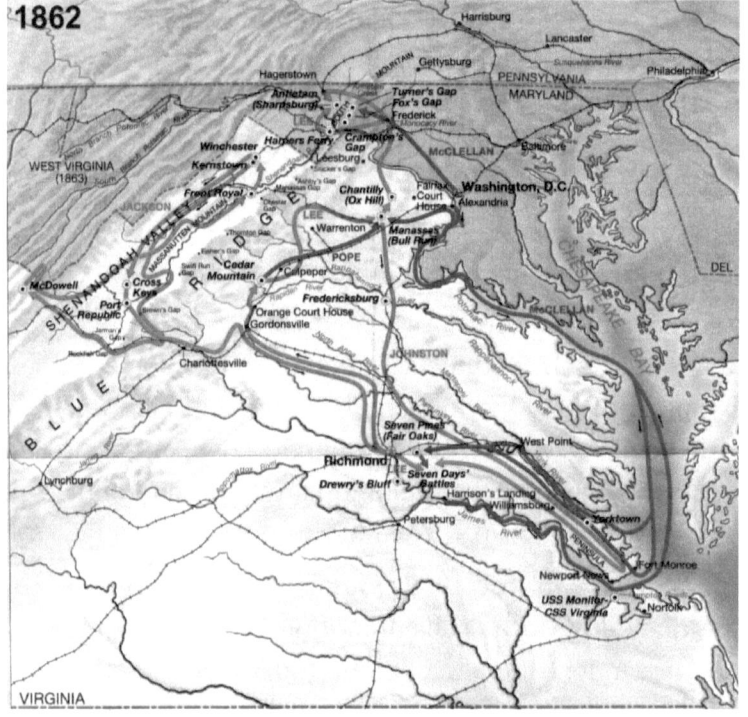

Ilustración 1: Las campañas en el este, 1862.

En agosto, el sur ganó la segunda batalla de Bull Run, también conocida como la segunda batalla de Manassas, que abrió el camino a la primera invasión de Lee del territorio del norte. Sin embargo, este empujón hacia el norte terminó con un sangriento estancamiento en Antietam, que se conoce como la batalla de Sharpsburg en el sur.

Lincoln lo presentó astuta y políticamente como una victoria porque las tropas de la Unión permanecieron en el campo.

Durante este tiempo, se libraron batallas en el oeste, a lo largo del río Mississippi y en Tennessee. Se produjeron conflictos notables en Shiloh y Stones River (llamada Murfreesboro) y sus bajas, como las de Antietam, conmocionaron a la nación. Además, en el oeste, un oficial llamado Ulysses S. Grant, que había sido defenestrado, recibió una última oportunidad para estar al mando, y comenzó una brillante campaña para tomar el control del Misisipi. Se le unió otro oficial defenestrado, William Tecumseh Sherman. Los dos trabajarían más tarde mano a mano para derrotar a la rebelión de una vez por todas.

En diciembre de 1862, las dos partes concentraron un gran número de tropas cerca de Fredericksburg, Virginia. En una serie de ataques mal planificados, mal ejecutados y mal dirigidos, las tropas de la Unión cargaron contra posiciones meridionales prácticamente inexpugnables, lo que llevó a una matanza de hombres del norte y al despido de otro comandante de la Unión. La guerra continuó, pero los dos bandos permanecieron enquistados en el área de Fredericksburg durante meses, buscando una debilidad o un error que les permitiera ganar una victoria decisiva o apoderarse de la capital enemiga. Hay que tener en cuenta que Richmond y Washington D.C. están a poco más de 160 kilómetros de distancia.

Aunque durante el invierno y principios de la primavera de 1862/63 se produjeron una serie de contiendas en el este, sobre todo en las costas de las Carolinas y Georgia, no fue hasta finales de la primavera cuando las grandes batallas decisivas comenzaron de nuevo. Y fue en este momento cuando se desató la batalla de Chancellorsville, que comenzó el último día de abril y terminó la primera semana de mayo de 1863.

Capítulo 4 – Líderes de hombres

Robert E. Lee

Cualquier capítulo sobre los líderes en la batalla de Chancellorsville debería comenzar con Robert E. Lee. Como se mencionó anteriormente, Chancellorsville es considerada la "obra maestra" de Lee, y todavía es recordada como una de las batallas más influyentes de la historia, al menos desde el punto de vista de las artes militares.

Robert E. Lee provenía de la aristocracia estadounidense, su familia se identificaba con lo que supuestamente era una sociedad igualitaria. El abuelo de Lee, Henry Lee II, había sido un político influyente durante la guerra de independencia de los Estados Unidos. Su padre, conocido en la historia como "Light-Horse Harry" (Caballo Ligero Harry) Lee, fue un asesor de George Washington durante la Revolución y un experto oficial de caballería. Robert E. Lee estaba relacionado con George Washington tanto por línea matrimonial como lazos de sangre: se casó con Mary Custis, la bisnieta de Martha Washington y la tatarabuela de George. También estaba lejanamente relacionado con el propio general, ya que eran primos terceros. En Virginia, la familia Lee era casi como la realeza, y se esperaba mucho de sus hijos. Sin embargo, al igual que la realeza, el padre de Lee era extremadamente malo con el dinero, y Lee creció en un ambiente de privaciones en comparación con sus compañeros.

Ilustración 2: Lee en el Cuerpo de Ingenieros, 1838.2

Lee no pudo pagar una educación universitaria, por lo que trató de obtener una plaza por méritos en West Point. En 1829, se graduó segundo en su clase, alcanzó el rango más alto de los cadetes, y se ganó el apoyo de todos los que le rodeaban: tenía un encanto sereno, educados modales sureños y era un líder natural de hombres.

Trabajó en el Cuerpo de Ingenieros durante años. En ese momento, los ingenieros eran considerados la élite del ejército y estaban destinados a ayudar a construir la nueva nación y levantar, entre otras cosas, los fuertes costeros. Pero eso significaba que el avance era lento ya que la competencia era dura. No fue hasta la guerra entre México y Estados Unidos (1846-1848) cuando Lee fue capaz de mostrar su brillantez en el campo de batalla. Su actuación fue extremadamente buena a lo largo de la campaña en México, pero lo que le hizo famoso fue el peligroso viaje de exploración que hizo a través de las líneas mexicanas para encontrar un flanco débil y permitir que los estadounidenses ganaran la batalla de Veracruz en 1847. Robert E. Lee y Ulysses S. Grant se conocieron durante el tiempo en el que trabajaron juntos en México.

Después de la guerra entre México y Estados Unidos, Lee ocupó varios cargos, incluyendo un puesto como superintendente de West Point durante tres años, de 1852 a 1855. Lee estaba de permiso en su casa en Arlington, Virginia, cuando comenzó la revuelta antiesclavista de John Brown en Harpers Ferry en 1859; Le asignaron sofocarla y lo hizo rápidamente. Mucho se ha dicho respecto a las opiniones de Lee sobre la esclavitud. Los radicales de ambos lados tienen puntos de vista muy simplificados. Un extremo dice que era un cruel dueño de esclavos, y ciertamente hubo momentos en que pudo serlo. Pero, por otro lado, también liberó a algunos de sus esclavos y ayudó a otros a mudarse a Liberia, una nación bastante nueva en África que había sido fundada por exesclavos.

Sin embargo, gran parte de Robert E. Lee es un enigma. Por ejemplo, era callado y el símbolo del autocontrol, pero los más cercanos a él sabían que tenía un temperamento visceral. Sus puntos de vista sobre la esclavitud eran algo contradictorios. Creía que los blancos eran superiores a los negros; sin embargo, también pensaba que la esclavitud era maligna, aunque necesaria. Pensó que "algún día" moriría de manera natural, sin interferencia política. Lee, al igual que otros sureños, tenía la creencia de que la esclavitud fue decretada por Dios, y cuando Dios considerara apropiado eliminarla, lo haría. Lee no creía que los norteños pudieran entender la situación del sur y su "institución peculiar", como muchos la llamaban.

Cuando estalló la guerra civil, se invitó a Lee a tomar el mando del ejército de la Unión, pero lo rechazó, y después de una deliberación muy dolorosa, optó por luchar por su estado natal, Virginia. Se convirtió en el oficial al mando de Virginia, pero hizo un trabajo de oficina, que consistía principalmente en asesorar al presidente confederado Jefferson Davis. (Nota: antes de la guerra civil, la mayoría de los estadounidenses se identificaban primero con su estado y luego como estadounidenses, si es que lo hacían. Este sentimiento se mantuvo en el norte, pero estaba más arraigado en el sur).

Inicialmente asignaron a Lee varios trabajos: reunir suministros, ayudar a asegurar las tropas y proporcionar refuerzos donde más se necesitaba. Se mantuvo ocupado en esto durante los primeros once meses de la guerra. En la primavera de 1862 trabajó con "Stonewall" Jackson por primera vez, ayudándole a planear su famosa campaña de Shenandoah Valley. En mayo de 1862, el general confederado Joseph E. Johnston fue herido luchando contra el general de división de la Unión George McClellan en la península del río James. Como consecuencia Lee tomó el mando del ejército de Virginia del Norte.

Lee tomó a un grupo de hombres heterogéneos y los moldeó para servir en el ejército. En poco tiempo, después de haber luchado una serie de batallas contra McClellan que mantuvieron a la Unión fracturada, convirtió al ejército de Virginia del Norte en una de las fuerzas de combate más famosas de la historia de Estados Unidos.

"Stonewall" Jackson

Thomas Jonathan "Stonewall" (Muro de Piedra) Jackson nació en 1824 en Clarksburg, Virginia, ahora Virginia Occidental. Al igual que Lee, creció pobre, pero no tenía "nombre" ni figuras ilustres a las que seguir los pasos. Su padre y su hermana murieron temprano. Su madre también falleció poco después. Jackson fue criado por parientes, mudándose de casa en casa según fuera necesario.

Además, al igual que Lee, Jackson intentó acceder a West Point, pero solo pudo entrar cuando el estudiante que había sido elegido antes que él renunció a su plaza. Jackson estuvo un tiempo en la academia. Era mayor que la mayoría de los demás y provenía de un entorno mucho más modesto. Aunque asistió a West Point décadas después de que Napoleón Bonaparte fuera a la Escuela Militar en Francia, se pueden encontrar similitudes entre los dos. Jackson era pobre y relativamente inculto. Napoleón, aunque de una familia de clase alta, era un "extranjero" de Córcega con poca educación formal en ese momento. Ambos sufrieron burlas por ello y por sus otras diferencias. Pero en ambos casos, el acoso los impulsó a seguir hacia delante. Jackson se graduó obteniendo uno de los primeros puestos de su clase en 1846, el año en que comenzó la guerra entre México y Estados Unidos.

Jackson, al igual que Lee y Grant, luchó con distinción en México, y coincidió a Lee en varias ocasiones, aunque Jackson era un oficial de artillería y Lee estaba en el Cuerpo de Ingenieros. Cuando la guerra terminó, Jackson fue recibido en casa como un héroe. Había ascendido al rango de teniente mayor. Sirvió en Nueva York y Florida, y luego se retiró del ejército en 1851 cuando le ofrecieron una cátedra en el Instituto Militar de Virginia (IMV).

Ilustración 3: Jackson como un joven oficial.3

Además de enseñar tácticas de artillería, Jackson también impartió clases de ciencias, así como de filosofía. Desafortunadamente, su estancia, que duró hasta los albores de la guerra civil, fue muy parecida a su carrera estudiantil en West Point: fue un maestro muy impopular. Era exigente, sorprendentemente poco original, y era "peculiar", como probablemente lo definirían los estudiantes y otros profesores. Hoy, podríamos decir "raro".

Sus peculiaridades serían recordadas más tarde con cariño por sus hombres y por la historia. A veces enseñaba con un brazo en el aire, creyendo que un brazo era más largo que el otro y que esto podría ayudar a igualarlos. También adoptó esta postura montando a caballo durante la guerra, y probablemente recibió una bala debido a ello. Jackson también creía que comer pimienta debilitaba su pierna izquierda y evitaba usar esta especia. Existía un mito que decía que Jackson chupaba limones. Esta historia se difundió después de que se publicara un libro de posguerra sobre él y pudo haber comenzado porque Jackson era un comensal abstemio, pero un devorador de frutas.

Jackson se casó en 1853, pero su esposa Elinor murió de parto al año siguiente. Se volvió a casar tres años más tarde, pero este matrimonio también estuvo marcado por la tragedia. Aunque su esposa vivió hasta la vejez, su hija murió al mes de nacer. Jackson y su segunda esposa, Mary Anna Jackson, tuvieron otra hija en 1862, pero tristemente nunca conoció a su padre.

Cuando estalló la guerra civil, Jackson esperaba que Virginia permaneciera en la Unión, pero esto no sucedió. Entonces él, al igual que Lee, decidió que su lealtad estaba con su estado natal y no con el lejano gobierno federal y el norte.

Las hazañas de Jackson en Bull Run y en el valle de Shenandoah ya han sido contadas, aunque brevemente. Baste decir que al final de la campaña de Shenandoah, Jackson se había ganado la reputación de ser uno de los oficiales tácticos más brillantes de la guerra. Era admirado en el sur y respetado, temido y odiado en el norte.

Ilustración 4: Jackson antes de la campaña de Chancellorsville.

Otros generales confederados

También estuvieron presentes en Chancellorsville algunos de los generales más conocidos de la guerra. Estaba el ya famoso comandante de caballería James Ewell Brown Stuart, más conocido como Jeb, que había estado dirigiendo tropas de la Unión desde el comienzo de la guerra, así como Jubal Early, que luchó durante toda la guerra y huyó del país después de que la contienda terminara. Poco más tarde regresaría para dar discursos en todo el país, ennobleciendo la causa del sur y difundiendo el sentimiento de "noble desvalido" que todavía vive en la actualidad. Además de estos dos distinguidos hombres, también estaba Lafayette McLaws, quien lideró una defensa fuerte en Fredericksburg y repetidas cargas contra Gettysburg; y A. P. Hill, que era uno de los oficiales favoritos de Jackson y al que mencionó en sus últimas palabras. Es reseñable apuntar que Hill fue asesinado solo siete días antes del final de la guerra. También figuraba Richard Anderson, quien, como muchos de los principales generales del sur, había luchado en México en la década de 1840; Raleigh Colston, que nació en Francia y cuya madre adoptiva era de la nobleza francesa, y Robert E. Rodes, que fue el primero de los oficiales generales de Lee que no estuvo en West Point y que fue elegido por Jackson para liderar el movimiento decisivo en Chancellorsville. Por último, el general Ambrose Wright dirigió una división de georgianos y se distinguió lo suficiente como para ascender de coronel a general de brigada en poco tiempo. Después de la guerra participó en la política nacional de Estados Unidos por un corto periodo de tiempo.

Lucha contra Joe Hooker

Frente a Lee y Jackson en Chancellorsville estaba Joseph "Luchador Joe" Hooker. Sería difícil de encontrar un apodo más desafortunado. Hoy en día, Hooker es conocido principalmente por ser el hombre que Lee derrotó en su "mayor batalla". Sin embargo, antes de Chancellorsville, Hooker se había distinguido en algunas de las primeras contiendas importantes de la guerra: Williamsburg, Antietam y Fredericksburg.

El apodo fue un error tipográfico de un periodista viajero, pero permaneció. Hooker tenía una personalidad bronca, y parecía encajar. Probablemente era un alcohólico y fanfarroneaba más de la cuenta. Su cuartel general era famoso por sus fiestas de borrachera y es probable, pero no seguro, que la palabra "hooker", que significa "prostituta", proviniera de estas fiestas, ya que las chicas allí eran de "virtud fácil".

Ilustración 5: Joseph "Luchador Joe" Hooker.

Hooker era un hombre de Massachusetts que había luchado en las guerras semínolas en Florida y ocupó varios cargos para el futuro presidente Zachary Taylor y futuro general del ejército Winfield Scott. En esos puestos, probablemente entró en contacto con Lee, quien sirvió en las tropas de Scott en México por un tiempo. También conocía a Grant y a Jackson. Hooker no era solo un burócrata. En México fue condecorado por heroísmo en tres batallas.

En 1853, Hooker tuvo que testificar contra su excomandante (y héroe nacional) Scott en un juicio sobre otro oficial. Esto probablemente perjudicó sus posibilidades de ascenso en ese momento, y aumentó su tendencia por las mujeres y la bebida que había comenzado en México. Finalmente dejó el ejército y se mudó al condado de Sonoma, California, donde se dedicó a cultivar tierras y se presentó sin éxito a las elecciones para el estado. Como encontraba la agricultura aburrida, se unió a la milicia estatal en 1859, dos años antes del inicio de la guerra civil.

Hooker solicitó volver a alistarse en el ejército federal, pero su petición fue rechazada. Viajó a Washington por su cuenta para presionar a los hombres que estaban en el poder para que apoyaran su candidatura. Él era uno de los pocos que había ido a ver la primera batalla de Bull Run, y escribió una crítica detallada sobre la dirección y la conducta que llevó al fracaso de la Unión. Gracias a esta epístola consiguió el apoyo que quería y fue nombrado general de brigada. Trabajó para reorganizar el ejército bajo el recién nombrado general George McClellan, quien, a pesar de su reputación de comandante cauteloso, hoy en día es recordado como un gran organizador.

Durante la campaña de la Península, Hooker se probó a sí mismo e intentó presionar a McClellan hacia una política más agresiva, pero no tuvo éxito.

En Antietam, que es considerada por muchos como la primera gran victoria de la Unión, Hooker no se separó de la unidad de "Stonewall" Jackson durante gran parte aquel día sangriento. Lideró desde el frente y finalmente tuvo que ser evacuado del campo de batalla cuando fue herido en el pie. Después de Antietam, Hooker volvió a ser crítico con McClellan, que comenzaba a ser visto por muchos como un general sin motivación y no dispuesto a forzar la lucha.

Después de la desastrosa derrota en Fredericksburg, Hooker fue nombrado comandante del ejército de la Unión del Potomac el 26 de enero de 1863, y se propuso desarrollar un plan para destruir el ejército confederado en Virginia y tomar Richmond. En mayo, cuando estaba perfeccionando sus planes, dijo: "Tengo el mejor ejército del planeta. Tengo el mejor ejército en el que el sol brilló... Si el enemigo no corre, que Dios los ayude. Que Dios tenga misericordia del general Lee, porque yo no tendré ninguna".

Otros generales de la Unión

En su planificación para derrotar a Lee en el área de Chancellorsville, Hooker se unió a varios generales notables, incluyendo George Stoneman, quien es señalado a la historia como el líder de la última incursión de caballería de la Unión de la guerra en 1865, y George Meade, que reemplazaría a Hooker y derrotaría a Lee en Gettysburg. Dan Sickles también se sumó a ellos e hizo que el término "defensa por locura transitoria" formara parte del argot legal estadounidense cuando fue absuelto por el asesinato del amante de su esposa antes de la guerra. Por cierto, ese amante era el hijo de Francis Scott Key, el autor de la "Bandera de las Estrellas", el himno nacional de los Estados Unidos. Otros nombres fueron O.O. Howard, homónimo de la Universidad Howard; Henry Slocum, que fue uno de los generales más jóvenes de la guerra; Darius Couch, quien más tarde fue responsable de retrasar a Lee en su acercamiento hacia Gettysburg; y John Reynolds, un respetado comandante que fue asesinado durante el primer día de Gettysburg. Estos son algunos de los hombres destacados que ayudaron a Hooker a luchar en su campaña.

Capítulo 5 – Preludio en Fredericksburg

Luchar contra el plan de Joe Hooker para derrotar al ejército de Robert E. Lee del norte de Virginia fue una buena idea. En realidad, era una especie de espejo inverso de lo que Lee estaba desarrollando.

Si ha leído sobre la guerra civil en libros con imágenes, o ha visto fotos de los hombres de la época en Internet, es posible que haya observado un fenómeno interesante. Al igual que ocurre en las "redes sociales" de hoy en día, donde las tendencias fotográficas y las posturas se extienden rápidamente y se propagan como la pólvora, la era de la guerra civil tenía sus propias tendencias de moda. Tal vez lo más reconocible fue lo que podríamos llamar la "pose de Napoleón".

El general y emperador francés era famoso por ser representado en pinturas (la fotografía no existía en ese momento) de pie, erguido en una postura digna y con una mano metida dentro del lado opuesto del cierre de su uniforme. Tal pose se puede encontrar en el retrato que le hizo su pintor favorito Jacques-Louis David, y que se muestra a continuación.

Napoleón revolucionó la guerra subrayando la importancia de la audacia y la movilidad, y con frecuencia derrotó a ejércitos mucho mayores en tamaño. En los Estados Unidos, su habilidad militar era venerada, y sus tácticas y estrategias se enseñaron no solo en West Point, sino en academias de todo el país. Los militares querían ser como él. Por esa razón existen tantos retratos como el de abajo, que representa al general de la Unión George McClellan, cuyo apodo era "Pequeño Napoleón".

Este pequeño ejemplo sirve para subrayar la gran influencia que seguía teniendo Napoleón Bonaparte incluso cuarenta años después de su muerte. Y aunque no sabemos con certeza si Robert E. Lee y "Stonewall" Jackson, o incluso Joseph Hooker, estaban pensando en Napoleón cuando planearon su campaña en 1863, el fantasma del emperador estaba sin duda allí. Los generales se sentaron frente a sus mapas para planificar maniobras que fácilmente podrían haber sido diseñadas por el maestro francés de la guerra.

Empecemos con Joe Hooker. Este militar se puso al mando del ejército del Potomac tras el despido del general Ambrose Burnside, quien había dirigido el ejército de la Unión en la batalla de Fredericksburg en diciembre de 1862. Muchos historiadores consideran que Fredericksburg forma parte de la campaña Chancellorsville. Aunque tuvieron lugar con meses de diferencia, se libraron en la misma zona y se peleó por los mismos objetivos.

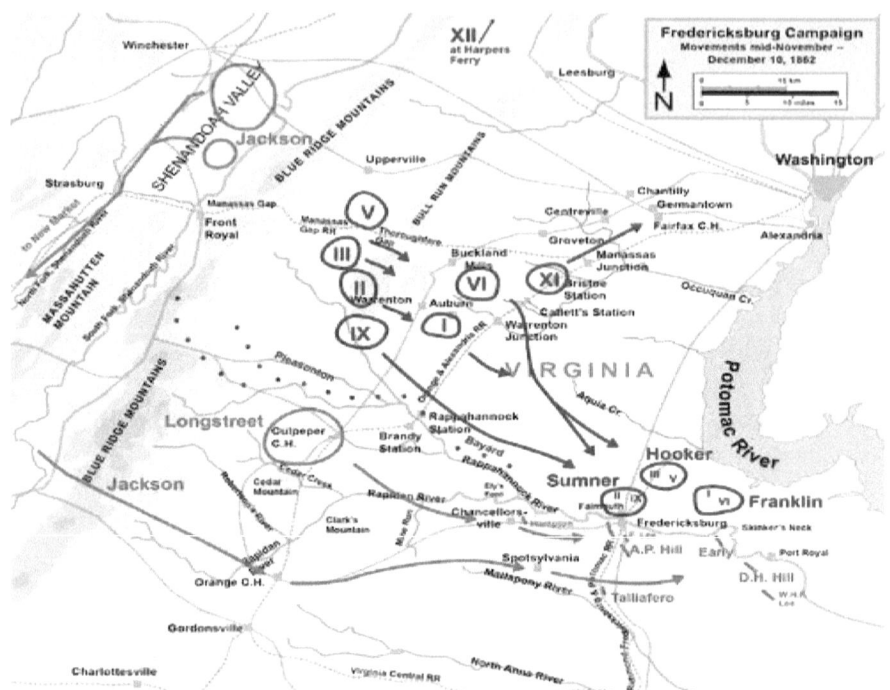

Ilustración 6: Este mapa de dominio público muestra los movimientos de ambos ejércitos que conducen a las batallas en el área de Fredericksburg/Chancellorsville de Virginia.

La batalla de Fredericksburg marcó un nuevo punto de inflexión en el esfuerzo bélico de la Unión, que, con algunas excepciones, ya había experimentado muchas derrotas. Los ejércitos de Burnside se enfrentaron a los de Lee al otro lado del río Rappahannock en Virginia, a solo unos 112 kilómetros al norte de Richmond.

Los ríos de Virginia varían en tamaño, desde los pequeños arroyos como el de Bull Run a al caudaloso Potomac. El Rappahannock era un río de tamaño mediano. Medía 296 kilómetros de largo y, a la altura de Fredericksburg, era lo suficientemente profundo y ancho como para que se necesitasen puentes para cruzarlo. La página web que Fredericksburg tiene actualmente contiene una advertencia sobre el río: "*Aunque el río es muy hermoso y parece tranquilo y sereno en la mayoría de los sitios, puede ser muy peligroso para aquellos que entran en él sin estar preparados y sin chaleco salvavidas*".

Justo al oeste de la ciudad, en la parte norte de las líneas de la Unión, había un canal y una amplia zanja que había que cruzar durante cualquier ataque. En el centro y al sur del frente de la Unión estaba el Rappahannock. Antes de que los dos ejércitos se enfrentaran, los rebeldes destruyeron los puentes que unían la ciudad de Fredericksburg con las tierras de cultivo pobladas, que era donde habían tomado posiciones. Se trataba de un sitio estratégico por sus características topográficas: más allá de la orilla del río había laderas que el ejército de la Unión tenía que escalar si quería llegar a las líneas del sur. Aunque la batalla tuvo lugar a lo largo de un frente de tres kilómetros, el punto más famoso donde se concentró la lucha fue la colina Marye's Heights, ubicada en el extremo norte de la línea.

En la fría y gris mañana del 13 de diciembre de 1862, la Unión comenzó su asalto a las líneas confederadas en las afueras de Fredericksburg. Los ayudantes y compañeros generales de Burnside habían protestado contra el asalto, ya que estaban seguros de que iba a ser un suicidio. Y tenían razón, pero Burnside decidió que iba hacer lo contrario que hubiera hecho George McClellan, que había sido destituido por su naturaleza cautelosa, y optó por atacar a los sureños con toda su fuerza. La mejor que podría haber hecho es ser prudente, esperar a que hiciera buen tiempo y luego mover a su ejército para obtener una mejor posición. Sus ayudantes argumentaron que era poco probable que los rebeldes fueran a iniciar el ataque a través del río porque eran inferiores en número y la Unión había ocupado los edificios más fuertes de la ciudad saqueándolos sin piedad. En uno de esos edificios, Chatham Mansion, Lee había cortejado a su esposa décadas antes. En 1863, la casa era la sede de Burnside, y Lee podía verlo desde sus líneas situadas en altura frente a la ciudad.

En la guerra, especialmente en la década de 1860, se presuponía que el atacante debía tener al menos una ventaja de dos hombres sobre uno para que el asalto fuera exitoso. Burnside no llegaba a esa cifra, aunque se acercaba. Las fuerzas de la Unión sumaban unos 114.000 hombres, y las del sur tenían entre 72.000 y 73.000. No había manera de que los sureños lanzaran un ataque en Burnside, y su mejor opción habría sido elegir otro lugar para luchar.

Pero no lo hizo, y aunque Fredericksburg no fue la batalla más sangrienta, podría haber sido la más trágica de una guerra llena de tragedias. En el galardonado documental de Ken Burn, *La guerra de Secesión*, se cita a un oficial del sur haciendo un comentario al general James Longstreet sobre el momento en el que el norte atacó sus cuatro líneas de fusileros en Marye's Heights: "General, un pollo no podría haber sobrevivido en ese campo cuando abrimos fuego en él". Y tenía razón.

Miles de hombres de la Unión llegaron en filas. Cuando alcanzaron los cañones, los confederados se lanzaron sobre ellos con balas de cañón y botes de metralla (piense en escopetas gigantes a un alcance casi a quemarropa). Las heridas y los gritos eran horrendos, pero los hombres de la Unión marcharon. Cuando cerraron las filas a pocos metros de los fusileros confederados, los rebeldes iniciaron su ataque con fuego de volea, ráfagas de disparos con cuatro filas de hombres. Los norteños cayeron por cientos, pero continuaron presionando. En las filas traseras de los rebeldes, los soldados vitoreaban la valentía de los soldados de la Unión que iban hacia ellos mientras sus oficiales dirigían los disparos. Y se enfurecieron contra la estupidez de los oficiales de la Unión que habían ordenado el asalto. No fue una pelea, diría uno de los soldados del sur tiempo después: "Fue un simple asesinato". Las tropas de la Unión cargaban, retrocedían y cargaban de nuevo hasta *catorce veces*. El eminente historiador de la guerra civil Shelby Foote apunta: "Hasta el día de hoy, la mayoría de la gente cree que los sureños eran más valientes, pero no conozco mayor ejemplo de valentía en la guerra que el de las tropas de la Unión que lucharon en Fredericksburg".

Aunque Marye's Heights es el episodio más famoso e infame de la batalla de Fredericksburg, no fue el único. Se suponía que al sur de Marye's Heights la Unión iba a llevar a cabo otro asalto, pero se retrasó debido a la llegada tardía de los elementos que formaban los puentes que pretendía utilizar para cruzar el Rappahannock al sur de la ciudad.

Como se puede ver en la imagen de arriba, que fue tomada después de la batalla, los rebeldes podrían haber volado fácilmente las partes de este puente en pedazos cuando la Unión los llevó hasta el río, pero no lo hicieron. Sabían exactamente lo fuertes que eran sus posiciones, y estaban seguros de que unas cuántas "chaquetas azules" (como a veces se llamaban los soldados de la Unión) eliminadas en el puente no harían mella en las posiciones del sur, así que Lee, Jackson y los otros comandantes decidieron dejar que la Unión cruzara el río. Se apilaron uno encima del otro abarrotando la zona de la ladera donde los sureños estaban esperando. Ochenta y dos años más tarde, hombres del norte y del sur -que esta vez luchaban juntos- se amontonarían en las playas de Iwo Jima de la misma manera. Pero en esta ocasión fueron masacrados en la playa por los japoneses.

Ilustración 7: Un cuadro contemporáneo de uno6 de la Unión cargando en Fredericksburg.

Uno de los hombres que intentaban desalojar a los rebeldes en Fredericksburg era profesor en el Bowdoin College, en Maine. Joshua Lawrence Chamberlain, que llevaría a sus hombres a la gloria en Gettysburg unos meses más tarde, fue parte de la batalla. Al final del día, él, como muchos otros hombres, esperaba hasta la llegada del anochecer para retirarse. Antes de acabar el día, yacía entre los muertos y heridos, escuchando a los hombres gritando, llorando por sus esposas y madres, y rogando para que sus camaradas que los sacaran de su miseria. Usó dos cadáveres como escudo para evitar el fuego de los rifles que lentamente se desvanecía cuando caía la noche. Y usaba las solapas del abrigo de uno de los hombres muertos como tapa para tratar de dormir.

Durante la noche, algunos rebeldes en lo alto de las alturas gritaban a los hombres de la Unión: "¡Jesucristo! ¡Dispara al pobre bastardo! ¡No dispararemos!" Habían tenido suficientes asesinatos durante la batalla.

La Unión sufrió unas 13.000 bajas en comparación con las 5.000 del sur. Muchos de los heridos murieron más tarde o fueron retirados del campo de batalla por la gravedad de sus heridas.

A menudo, las personas que oyen hablar por primera vez de la revolución americana o la guerra civil (u otras guerras contemporáneas en Europa) se preguntan: ¿por qué marchaban en grupos exponiéndose directamente a los rifles enemigos y los disparos de cañones? En realidad, es fácil de responder. Durante siglos antes de la guerra civil, las armas de fuego eran muy inexactas. Para obtener los mejores resultados, las tropas se unían y apuntaban en dirección a grupos de hombres que hacían exactamente lo mismo. De esta manera, el que fuera el más firme, cargara más rápido y desarrollara nuevas tácticas (como el disparo de ráfagas de unas filas mientras otras recargan) obtendría los mejores resultados. Sin embargo, en la época de la guerra civil, prácticamente todas las tropas de primera línea usaban rifles en lugar de mosquetes. La palabra rifle proviene de la espiral que hay en su cañón interior, que se llama "rifling", lo que los hace mucho más precisos y mortales. Un desafortunado axioma militar es el que dice que las naciones siempre se preparan para la *última* guerra porque no anticipan una futura. Los hombres de la guerra civil marcharon en fila unos detrás de otros, y esa es una de las razones por las que esta guerra fue la más mortífera en la historia de Estados Unidos.

A la mañana siguiente, el general Burnside, probablemente sintiendo culpa e ira por lo que había pasado el día anterior, quería dirigir personalmente una carga más en Marye's Heights. Sus oficiales, sin embargo, le convencieron de que no lo hiciera. Aunque por aquella época los estudios de psicología aún no habían proliferado, probablemente sabían lo suficiente sobre naturaleza humana como para presentir que Burnside estaba tratando de suicidarse con gloria. El único problema con ese acto era que cientos de hombres más también morirían.

Burnside envió un mensajero bajo una bandera blanca al general Lee pidiendo una tregua para sacar a los muertos y heridos del campo, y Lee la concedió. Más tarde durante ese mismo día, el ejército de la Unión abandonó Fredericksburg para establecerse al lado opuesto del Rappahannock. Al entrar en la ciudad de Fredericksburg, "Stonewall" Jackson y su personal vieron de primera mano el saqueo y los daños que las tropas del norte habían hecho a la pintoresca ciudad del sur. Uno de los ayudantes de Jackson le preguntó: "General, ¿cómo vamos a poner fin a todo este tipo de cosas?", y Jackson dijo: "Mátalos. Mátalos a todos".

Durante la noche del 14 de diciembre, se pudo presenciar un raro espectáculo: la aurora boreal se vio en partes de Virginia, incluyendo Fredericksburg. Los confederados lo tomaron como una señal de que Dios estaba complacido con su victoria. Los hombres de la Unión probablemente pensaron lo contrario.

Aunque Burnside fue capaz de mejorar su reputación en las batallas en Tennessee bajo el liderazgo de Grant, poco más tarde fue culpado por el fracaso colosal en la batalla de Petersburgo y renunció a su puesto justo antes del final de la guerra.

Capítulo 6 – Dos planes, un resultado

Los ejércitos del norte y del sur permanecieron en el área de Fredericksburg después de la batalla. El riesgo para ambos lados era grande. El ejército del norte de Virginia mantuvo una posición fuerte, como hemos visto. No había razón para darle al enemigo la oportunidad de recuperar el impulso y empujar hacia Richmond. Si las fuerzas de la Unión se retiraban, posiblemente podrían darle a Lee la oportunidad de acercarse o asaltar Washington D.C., y cualquier paso atrás hacia la capital de la Unión podría tener graves implicaciones políticas.

Aunque había voces disidentes en el sur, eran menos numerosas y más tranquilas que las del norte, donde Abraham Lincoln tuvo que lidiar con la oposición a su liderazgo desde el Congreso, su gabinete y desde dentro de las filas de su partido republicano. En otras palabras, cualquier retirada hacia Washington podría poner en peligro la presidencia de Lincoln.

Después del desastre en Fredericksburg, Burnside intentó otro movimiento en la ladera para llegar en enero a Richmond. Pero también fue un fracaso. Y las deserciones, que ya alcanzaban un gran número, aumentaron. También intentó despedir a muchos de los oficiales de su ejército, aunque no tenía autoridad para hacerlo. Además, Lincoln tuvo que escuchar quejas de McClellan, que a pesar de estar marginado aún tenía popularidad suficiente como para postularse a la presidencia en 1864. El presidente no estaba por la labor de ceder más control del ejército de Potomac a Burnside. Al ser rechazado, renunció y fue transferido al oeste, como se mencionó anteriormente.

Joe Hooker había presentado un exhaustivo análisis de la primera batalla de Bull Run y la campaña de la península de McClellan que tuvo que ser abortada. Además, mostró buena predisposición para luchar. Algunos tenían dudas sobre su idoneidad para reemplazar al anterior general debido a su reputación como bebedor, y Lincoln había recibido noticias de un comentario de Hooker en el que aseguraba que el país "necesitaba un dictador". Aun así, decidió nombrar a Hooker tras dirigirle unas palabras: "He oído que recientemente ha dicho que tanto el ejército como el Gobierno necesitaban un dictador. No te he dado el puesto por esto, sino a pesar de ello. Solo los generales que tienen éxito pueden establecer dictadores. Lo que ahora te pido es éxito militar, y solo entonces me arriesgaré a una dictadura".

Hooker se puso a hacer varias cosas de inmediato. Aunque hoy "Luchador Joe" es una especie de objeto de escarnio por el desastre que iba a suceder, es justo decir que implantó una serie de cambios importantes sobre la manera en que Burnside había dirigido el combate. En primer lugar, despidió a varios de sus oficiales y los reemplazó con hombres de su elección.

En segundo lugar, reorganizó la forma en que el ejército del Potomac estaba estructurado. Burnside había organizado el ejército en lo que él llamó "grandes divisiones". Los lectores familiarizados con la Segunda Guerra Mundial sabrán que un "cuerpo" generalmente está formado por entre dos y cinco divisiones. En el sistema de Burnside, el cuerpo estaba subordinado a la "gran división" y se demostró esta estructura era difícil de manejar y lenta para moverse en la batalla.

Tercero, Hooker inculcó un nuevo sentido de disciplina y orgullo en sus hombres. Se mejoraron las condiciones alimentarias y sanitarias/médicas, se dio una formación más rigurosa a los oficiales, y el cuerpo de intendentes fue reorganizado y sujeto a una mayor supervisión debido a la corrupción generalizada (que usted podría saber si usted ha visto la película *Tiempos de Gloria*).

Hooker también hizo un mayor y mejor uso de su caballería para explorar posiciones enemigas, aumentó el uso de globos de observación, y empleó a un mayor número de exploradores y espías que los comandantes anteriores. Cuando llegó la hora de la batalla de Chancellorsville, que se recrudeció a finales de abril, Hooker podía felicitarse por un trabajo bien hecho. El ejército después de Fredericksburg era un desastre.

Plan de Hooker

Originalmente, Hooker esperaba comandar a literalmente toda su caballería (unos 10.000 hombres) hacia las líneas de Lee para dirigirse hacia Richmond y las líneas de suministro. De esa manera forzaría a Lee a retirarse del área de Fredericksburg-Chancellorsville para proteger la capital confederada. Cuando Lee se retiró, Hooker lo perseguía "vigorosamente" y Lee se movería hacia Richmond. Su esperanza era poder abordar con su ejército en plenitud a un enemigo en retirada y desorganizado. Fue una buena idea, sobre el papel. Y podía funcionar siempre que hiciera buen tiempo, lo cual no sucedió. El 13 de abril de1863, el general "Stoneman" se movió y de repente comenzó a llover con fuerza, convirtiendo las pocas carreteras, pistas y campos en un barrizal que hacía imposible el uso de la caballería. En dos días, apenas había cubierto un puñado de kilómetros, se vio obligado a dar marcha atrás. Al oír esto, Abraham Lincoln, como un fanático de los deportes cuyo equipo comienza prometedoramente la temporada año tras año, pero no va a ninguna parte, les dijo a sus ayudantes: "Me temo que esto ya es un fracaso".

El general Hooker se vio obligado a elaborar nuevos planes después del fracaso de la "incursión" de "Stoneman". A él y a su personal se les ocurrió un plan que era en muchos sentidos más audaz que cualquier otro que el ejército de la Unión hubiera planeado antes. Su intención era mantener a Lee en el área de Fredericksburg con una porción considerable de sus fuerzas, luego mover al resto de su ejército en un movimiento de pinza o doble envolvimiento para atacar a Lee, cuyo ejército estaba en el área entre la pequeña ciudad de Chancellorsville y el Spotsylvania Court House (que tuvo su propia sangrienta batalla en 1864).

Chancellorsville está a unos diez kilómetros de Fredericksburg y hoy en día el terreno cuenta con las mismas colinas ondulantes y campo de cultivo, pero en 1862 era mucho más arbolado y solo había unas pocas pistas de tierra. Esta característica del terreno hacía que la observación fuera mucho más difícil de lo que sería en la actualidad. Chancellorsville era y sigue siendo una pequeña ciudad que está en medio de la nada. El campo de batalla es la única razón por la que la mayoría de la gente ha oído hablar de este lugar. En la década de 1860, este era realmente un territorio difícil, y cualquier maniobra o despliegue era extremadamente difícil, al menos para aquellos que no estaban familiarizados con él.

Una sección del ejército de Hooker se movería hacia el norte desde su base en Falmouth, justo al norte de Fredericksburg, en el lado norte del río Rappahannock. Primero se dirigirían al norte y luego al oeste, hacia la estación Rappahannock, en el meandro de Kelly. Allí cruzarían el río. Esta sección de la tropa de Hooker estaría formada por los comandados por los generales Meade, Howard y Slocum. El general Sickles estaría en la reserva al norte del movimiento principal. Su trabajo sería rodear el flanco occidental de Lee y golpearlo allí, atrapando a sus hombres entre Chancellorsville y Fredericksburg y destruyendo el ejército del norte de Virginia para siempre.

En Falmouth y Fredericksburg, los generales Sedgwick y Reynolds sostenían a las fuerzas confederadas fingiendo ataques, pero no presionando seriamente a menos que se presentara una oportunidad real. En otras palabras, debían hacer lo suficiente para preocupar a los rebeldes y mantenerlos en su lugar, pero no debían desgastar a sus tropas en otro asalto frontal como el que había tenido lugar en diciembre. Hooker le dijo a Sedgwick: "No se sabe, por supuesto, qué efecto tendrá el avance sobre el enemigo; y los mandos generales indican que observes los movimientos [de Lee] con la máxima atención para que si expone un punto débil lo ataques con toda su fuerza y lo destruyas". Cuando Hooker se enterara de que sus unidades del norte estaban en posición, las fuerzas de Fredericksburg harían su parte.

Ilustración 8: El plan de Hooker en Chancellorsville.7

Era un gran plan, si se podía llevar a cabo en la forma en que estaba diseñado. Aunque hoy es una frase manida, la cita del boxeador Mike Tyson sobre los planes se repite aquí: "Todo el mundo tiene un plan hasta que les dan un puñetazo en la boca". Ese comentario no podría ser más apropiado para la situación por la que atravesaba Chancellorsville en 1863.

Como se puede ver, el general del sur Thomas "Stonewall" Jackson estaba al mando de las tropas rebeldes en el área de Fredericksburg. Jubal Early comandó las tropas en Fredericksburg y sus alrededores.

Bajo su base estaban los generales A. P. Hill, Lafayette McLaws y Raleigh Colston. El cuartel general de Lee estaba en la parte trasera al oeste, con los generales Anderson y Wright protegiendo el flanco occidental al sureste de Chancellorsville.

Robert E. Lee se quedó escuchando mientras sus ayudantes y generales discutían sobre lo que el general Hooker estaba tramando. Sabían que algo estaba en marcha porque había una gran cantidad de movimiento, pero no había nada seguro. El 30 de abril, Lee sacó sus prismáticos y, junto con su personal, comenzó a observar a los cargos de la Unión. Sus hombres estaban debatiendo sobre si Hooker iba a ir directamente hacia ellos desde el sureste o desde el norte. Lee bajó las lentes y dijo: "El ataque principal vendrá de arriba", es decir, del norte. Y tenía razón.

Por su parte, Lee estaba preocupado porque tendría que lidiar con una tropa hacia el norte y se mostraba inquieto por la posibilidad de que Hooker avanzara hasta su lado sur, entre el ejército de Lee y Richmond, dependiendo de cómo fuera el ataque de Hooker. Lee decidió que se enfrentaría al ejército de la Unión -que creía que se estaba moviendo hacia el norte- para flanquearlo primero. Luego llevaría los ejércitos de Jackson en Fredericksburg hacia el oeste de una manera escalonada. Con un poco de suerte haría creer a los hombres de la Unión acuartelados en la ciudad que todavía había una fuerza considerable asentada allí.

Jubal Early iba a permanecer en Fredericksburg y sus alrededores, y reforzó su posición con una brigada de McLaws. Aun así, los rebeldes de Fredericksburg eran notablemente inferiores en número a las tropas del norte. Pero tenían una posición fuerte y esperaban que los hombres de la Unión no se dieran cuenta de lo que estaba sucediendo. Confiaban que las cimas ensangrentadas por la batalla ocultarían el movimiento sureño hacia el oeste.

Lee intuía que Hooker no atacaría en un solo lugar, pero no tenía suficientes hombres para defender todos los frentes. Un viejo dictamen militar dice algo así: "Defiende por todas partes, pierde en todas partes". Lee tenía unos 45.000 hombres para moverse hacia el oeste. Una vez allí su plan era dirigirse hacia el sureste para alcanzar a las fuerzas de Hooker. También tenía 10.000 hombres en las líneas en Fredericksburg.

Lo que Lee hizo fue en contra del dictamen militar, y se ha escrito mucho al respecto desde entonces. La lógica dicta que no debes dividir tu fuerza frente al enemigo cuando él es más fuerte que tú. Sin embargo, si Hooker estaba haciendo lo que Lee creía, es decir, permanecer en un lugar, solo conseguiría acabar rodeado por un enemigo superior. Y si se estaba retirando hacia Richmond, entonces estaba tomando una decisión militar y políticamente arriesgada. En la mente de este escritor, Lee hizo lo único que pudo haber hecho, pero eso está escrito con la perspectiva que da la historia.

Todo este tiempo, Lee estaba recibiendo informes de su apuesto comandante de caballería, Jeb Stuart, quien decía que las fuerzas de la Unión se estaban moviendo hacia el noreste de Chancellorsville y comenzaban a girar hacia el sureste. Stuart había tomado prisioneros de tres cuerpos de la Unión, y aunque estos soldados no sabían el alcance de los planes de Hooker, el hecho de que tres cuerpos estuvieran representados significaba que un ejército considerable se acercaba a Lee desde el oeste, tal como él había anticipado. Le dijo a Stuart que continuara explorando, pero que anclara "sus fuerzas en Chancellorsville".

En la noche del 30 de mayo, Lee ordenó a sus generales que comenzaran a salir de Fredericksburg. El general Richard Anderson ya estaba cavando trincheras a unos seis kilómetros al este de Chancellorsville, y Lee ordenó a McLaws que trasladara a sus hombres a medianoche cerca de las posiciones de Anderson. Lee instruyó a Jubal Early, que se quedó con una sola división en el frente en Fredericksburg, para "mantener una presunta fuerza e intenciones agresivas".

Jackson dio sus órdenes a McLaws y Anderson a las 11:00. Y a las 11:20 la batalla de Chancellorsville había comenzado.

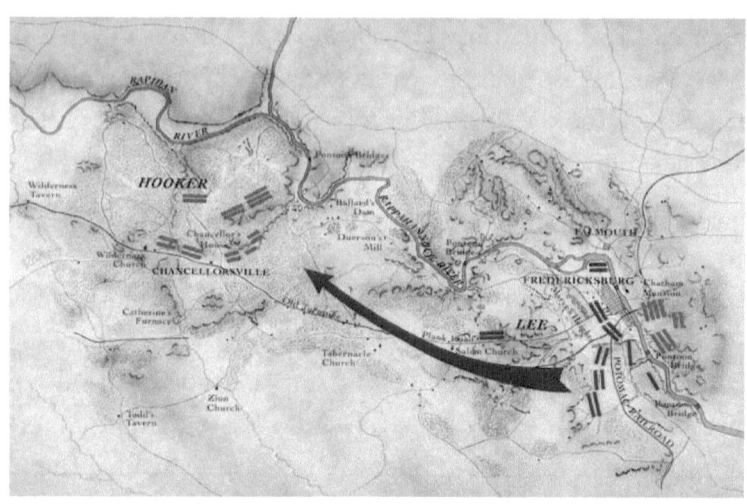

Ilustración 8: En este mapa se pueden ver los movimientos generales y las disposiciones de las tropas en el primer día. La gran flecha roja incluye todas las filas confederadas que se mueven hacia el oeste para encontrarse con Hooker.

Hooker tampoco se había quedado parado. Había estado emitiendo órdenes y coordinando los movimientos con sus comandantes en el campo. Mirando el mapa de arriba, se puede ver la iglesia del Tabernáculo debajo de la flecha roja que marca el movimiento de Lee y Jackson. En la punta de la flecha es donde las fuerzas del norte y el sur se reunieron por primera vez. Hooker había dado órdenes a los generales Slocum y Meade de marchar desde Chancellorsville para encontrarse con los rebeldes y derrotarlos. También había reafirmado sus órdenes a los hombres de Fredericksburg de hacer una demostración para mantener a los sureños en su lugar. Hooker no sabía que la mayoría de las tropas rebeldes habían abandonado sus posiciones en Fredericksburg y se dirigían directamente hacia él.

El general Meade entró en escena. Había sido apodado "malvada tortuga mordedora de ojos saltones" por alguien ahora desconocido en la historia, y más tarde sería el vencedor de la batalla de Gettysburg. Meade debía moverse con el general Slocum en la dirección a la iglesia del Tabernáculo con los generales Couch, Sickles y Howard por detrás. Meade tenía que guiar a sus tropas a lo largo de la senda Orange Turnpike, al norte de la carretera Plank. Los dos caminos se unían cerca de la iglesia y, con suerte, las filas de la Unión se reunirían allí para atacar a los rebeldes al mismo tiempo. Era un buen plan. Sobre el papel, o en la mente, la mayoría de los planes parecen buenos, por eso la gente los comienza. Pero recuerden la cita de Mike Tyson, no todos los planes dan sus frutos.

Se suponía que las tropas de Meade y Slocum se mantendrían en contacto entre sí, lo que aparentemente podía hacerse fácilmente ya que la autopista de peaje y la carretera estaban a menos de un kilómetro de distancia en su punto más lejano, a medio camino entre su punto de partida y la iglesia del Tabernáculo. Sin embargo, todo el área desde el este de Chancellorsville hacia el oeste era llamada el "jungla".

Y en efecto ere lugar inhóspito era la versión norteamericana de una jungla. Los árboles estaban juntos, y en el medio había masas de maleza y zarzas por kilómetros. De alguna manera u otra, estos hombres, que habían visto esta zona durante al menos un año y medio, creían que los mensajes podían ser transmitidos rápidamente a través del desierto. Debieron haber creído que la distancia, que era de menos de dos kilómetros, podría ser cubierta rápidamente. Cualquiera que haya tratado de atravesar terrenos muy boscosos y espinosos, sin carreteras ni puntos de referencia reconocibles, sabrá que un solo kilómetro puede parecer diez, y en lugar de los veinte minutos que tardaría un hombre en recorrerlos a cinco kilómetros por hora, podría llevarle una hora o más. Añada la necesidad de estar vigilante y tranquilo, y se suma más tiempo para cubrir esa distancia. Por otro lado, las colinas onduladas fuertemente boscosas tienen una característica particular, a veces enmascaran el sonido o hacen que parezca que viene de una dirección completamente diferente. Para un atacante, esto puede ser un beneficio, pero cuando usted está tratando de encontrar a alguien, no lo es.

Así que, como uno podría suponer ahora, las filas de Meade y Slocum perdieron contacto entre sí. Para poner las cosas más difíciles, una de las divisiones de Meade estaba más al norte en River Road y su objetivo era dar el golpe de efecto en el flanco sur derecho o trasero, el que primero se presentara.

Las tropas de Meade alcanzaron la cima de Orange Turnpike y quedaron a la vista en el límite oriental. Entonces fueron atacadas por los soldados confederados. Uno de los comandantes de Meade, el general George Sykes, fue el primero en encontrarse con las tropas confederadas que estaban bajo las órdenes de McLaws y que abrieron fuego con toda su artillería. Rápidamente los rebeldes acorralaron a las tropas de Sykes posicionándose a izquierda y a derecha. Sykes tuvo que enviar la noticia de que estaba en apuros y comenzó a retirarse de manera organizada.

Una de las filas traseras, la del general Couch, marchaba por el camino como estaba planeado. Estaba dirigida por el general Winfield Scott Hancock, otro hombre que pasaría a la historia en Gettysburg. Couch ordenó a Hancock fuera rápidamente a ayudar a Sykes, pero entonces llegó una noticia de Hooker: "Retirar ambas divisiones a Chancellorsville". Tanto Hancock como Couch estaban confundidos. La batalla apenas había comenzado y, solo con una pequeña parte del gran ejército, los hombres de la Unión ya habían alcanzado el terreno más alto y tenían mayor cobertura. Sin embargo, Hooker ordenaba una retirada.

Couch le envió la noticia a Hooker de que la situación era ventajosa y que la batalla ni siquiera había comenzado. Couch podía oír disparos provenientes de su derecha, lo que significaba que los hombres de las filas de Slocum también estaban peleando con el enemigo. A su izquierda, Couch y Hancock no podían oír nada, lo que significaba que el general Meade probablemente todavía no había iniciado la batalla. Esta circunstancia no era mala, porque la situación ideal era que Meade alcanzara la derecha o la retaguardia confederada. En treinta minutos, todos obtuvieron la misma orden de Hooker: retirada a Chancellorsville.

Couch y sus ayudantes discutieron y desobedecieron la orden. Su ingeniero jefe volvió a la sede de Hooker para explicarle a "Luchador" Joe los beneficios de permanecer en su lugar. Sin embargo, como no le encontraron, Couch comenzó a organizar a sus hombres para seguir órdenes y unirse a la retirada, tal y como había aprendido en West Point. Dejaron dos regimientos atrás como retaguardia, organizaron a sus formaciones organizaron, y comenzaron a moverse. Mientras eso sucedía, parece que las palabras del ingeniero de Sykes, el general Gouverneur K. Warren (que sería un héroe más tarde en Gettysburg), habían tenido efecto en Hooker, quien envió otra orden: "Espera hasta las cinco en punto". En este momento, es probable que Couch y Hancock tuvieran la misma sensación que habían experimentado antes: estar ante un comandante inepto. Couch dio otro comunicado al mensajero: "Dile al general Hooker que es demasiado tarde. El enemigo ya está a mi derecha y a mi espalda. Estoy de retirada completa". Probablemente al obedecer las órdenes de Hooker había movido a las tropas de la Unión a una posición mucho menos ventajosa. La capacidad de lucha de los soldados de la Unión era incuestionable, pero una vez más, su alto mando no estaba a la altura.

A la derecha de Couch (al sur), se estaba produciendo una situación similar. El general Slocum había recibido órdenes similares y ya tenía al general confederado Anderson a sus espaldas. Además, en el norte, el general Meade había recibido las mismas órdenes que todos los demás líderes de la Unión. Él estaba aún más desconcertado y disgustado que ninguno. Meade ni siquiera se había enfrentado al enemigo todavía, y estaba en posición de ir hacia el sur y aparecer en la retaguardia del enemigo. Se oyó el siguiente comentario de Meade acerca de Hooker y sus órdenes de que sus hombres se rindieran: "Si él piensa que no puede mantener la cima de una colina, ¿cómo espera controlar la parte de abajo?" Aun así, las órdenes eran órdenes.

Eran las dos de la tarde. La batalla había durado solo tres horas, y la Unión ya estaba en retirada. Las cosas no iban bien e iban a ponerse mucho peor.

Capítulo 7 – La última carga de Jackson

Durante la noche anterior, Lee se había encontrado con Jackson para discutir sus planes y concretar las órdenes finales. Esta iba a ser la última reunión de los dos. Y este encuentro, hoy ubicado y conmemorado con un pequeño indicador de piedra en una bifurcación en la carretera, ya forma parte de la mitología estadounidense, especialmente de la sureña. Numerosos cuadros, obras escritas y películas incluyen esta escena. A continuación, se puede ver una ilustración, junto con una imagen del indicador de piedra.

Ilustración 10: La reunión duró gran parte de la noche. Según la tradición, Lee y Jackson se sentaron en barriles de galletas durante parte de la conferencia. Después, los generales durmieron un poco. A la mañana siguiente, James Power Smith, del personal de Jackson, señaló que Jackson tenía fiebre. Pintura y texto cortesía del Servicio de Parques Nacionales.9

Jackson recibió la orden de mudarse al amanecer, pero eligió hacerlo a las tres de la madrugada. Cuando Jackson llegó para reunirse con McLaws y Anderson, cuyos hombres estaban cavando a unos seis kilómetros al sureste de Chancellorsville, Jackson les ordenó que se detuvieran y lo siguieran porque iba a atacar en la primera oportunidad.

Las órdenes de Lee a Jackson fueron poco detalladas, pero no fue por error. Lee confiaba lo suficiente en Jackson como para saber que aquel hombre sabía lo que estaba haciendo. Jackson y sus hombres habían librado unas cuarenta batallas en los últimos ocho meses, desde el valle de Shenandoah hasta el corazón de Virginia. Y en la mayoría de ellas habían salido victoriosos. Le dio órdenes de continuar hacia donde McLaws y Anderson estaban atacando. Sin embargo, el ataque no era el estilo de "Stonewall" Jackson. Sabía que había un momento y un lugar para ello, como en Fredericksburg, y ese momento no había llegado. Se hallaban en lo que literalmente se conocía como la "jungla" de Virginia, un lugar perfecto para movimientos ocultos y sorprender a sus enemigos. Las órdenes de Jackson eran "proceder" al área de Chancellorsville y eso había hecho. Pero no se le había ordenado que se detuviera allí. Además de los hombres de McLaws y Anderson, sus tres divisiones, que venían de Chancellorsville, estarían allí antes de media mañana a más tardar.

Jackson estaba seguro de que el enemigo estaba por delante, ya sea en Chancellorsville (que en ese momento era más una mera estructura que una "villa") o muy cerca. Sus hombres habían visto soldados de la Unión en el bosque, que huyeron cuando fueron vistos. Jackson estaba seguro de que las fuerzas de Hooker estaban muy, muy cerca.

Los alemanes, considerados los maestros de la planificación militar durante siglos, tienen un término para referirse a un líder militar que tiene la habilidad de mover sus tropas en el momento justo y de la manera correcta. Ese término es "fingerspitzengefühl". La traducción literal es "sensación de punta de los dedos", pero eso no transmite el verdadero significado. Definitions.net tiene una gran definición: "se refiere a una gran conciencia de la situación, y la capacidad de responder de la manera más apropiada y con tacto". Como quiera que se defina, Jackson tenía este sentido muy agudizado. Y Lee probablemente aún más.

En esa reunión de la noche, Lee le había contado a Jackson una idea audaz, que eran sus favoritas. Anteriormente en este ensayo, mencionamos la idea de que la lógica militar dictaba que una fuerza débil nunca debía dividir sus fuerzas frente a un enemigo. Cuando Lee sacó parte de su ejército de Fredericksburg, con sus aproximadamente 30.000 soldados, dejando solo 10.000 hombres, hizo justo eso. Nadie lo cuestionó: conocían a Lee. También sabían que era un hombre que discutiría sus planes y escucharía ideas, incorporándolas si fuera necesario, pero una vez que daba órdenes esperaba que las siguieran sin vacilar.

Así que Lee y Jackson decidieron que dividirían sus fuerzas una vez más. Jackson se llevaría a sus 26.000 hombres aproximadamente veintidós kilómetros al oeste, luego rápidamente giraría hacia el este por el lado occidental del camino de Orange Turnpike, directamente al flanco derecho de Hooker, que estaba comandado por el general Howard. Lee y sus comandantes del cuerpo permanecerían en el sureste, cerca del antiguo centro de fundición de Catherine Furnace. Lee tendría aproximadamente 17.000 hombres con él. Estos 33.000 hombres estarían tratando de superar y sorprender a Hooker y sus 73.000 soldados.

Aparte de la desventaja en número, Lee y Jackson tuvieron que hacer frente a un complejo sistema de comunicaciones; cualquier mensaje entre los dos tenía que atravesar rutas amplias, conocidas como "líneas exteriores" por los estrategas militares, ya que el enemigo estaba entre los dos. Hooker poseía las "líneas interiores", donde la comunicación era más fácil.

Además, Jackson se iba a encontrar con una sorpresa de su parte. Acabaría atacando el final de las líneas de la Unión con un frente amplio de sus hombres. En la vieja guerra naval, este tipo de maniobra se llamaría "cruzar la T". La siguiente ilustración muestra esta táctica.

Ilustración 11: Cruzar la T.10

Como se puede ver, los barcos en la línea superior serían capaces de soportar los cañones de seis barcos en la primera nave enemiga, mientras que los barcos de la formación vertical solo serían capaces de emplear los cañones en la primera nave. Ahora, eche un vistazo al mapa de abajo, mostrando la situación en Chancellorsville en la tarde-noche del 2 de mayo de 1863. En el extremo izquierdo se pueden ver las divisiones de Jackson "cruzando la T" de la derecha de las líneas de la Unión.

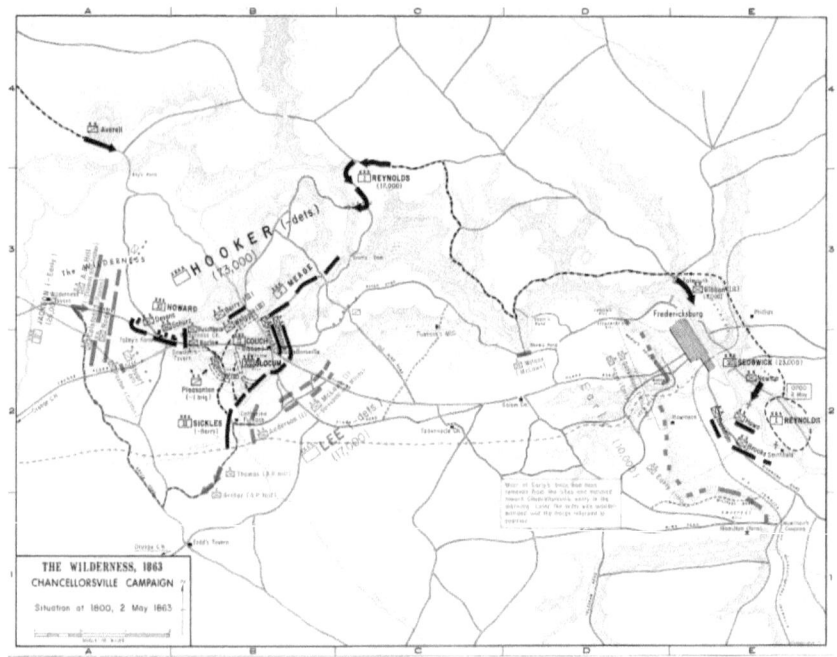

Durante la noche del 1 de mayo, en el campamento de la Unión se discutió sobre lo que había sucedido durante el día. ¿Por qué Hooker había ordenado a sus hombres que se retiraran cuando tenían tanta ventaja? El historiador Shelby Foote, cuya historia de la guerra civil en tres volúmenes (el primero fue publicado en 1958 y ha sido revisado con el tiempo) todavía se considera la definitiva sobre el conflicto, creía que la cautela de Hooker venía motivada por varias razones. En primer lugar, Lincoln, que conocía bien a Hooker, le había advertido que tuviera "cuidado con las decisiones temerarias". Foote también resalta la idea de que Hooker, un gran bebedor que había renunciado al licor por estar en la batalla, estaba acusando los efectos de la abstinencia. Sin su muleta emocional, Hooker podría haberse encontrado dudando de sí mismo. Otros historiadores coinciden en que esto podría haber sido un factor importante. En tercer lugar, Hooker podría haber querido tener éxito donde otros habían fracasado, pero su miedo al fracaso pudo haber superado su deseo de tener éxito.

Aparte de estas afirmaciones un tanto inciertas, pero probablemente precisas, sobre la personalidad de Hooker, Lincoln también estaba recibiendo información de sus exploradores, prisioneros de guerra, e incluso espías que tenía dentro de las filas del sur. Todo apuntaba a que Lee estaba planeando un fuerte ataque con *todas* sus fuerzas en el centro de la línea de Hooker, que estaba anclada en Orange Turnpike, a ambos lados de Chancellorsville, y al sur de la zona de Catherine Furnace. Si las intenciones de Lee eran esas, Hooker estaba más que listo para recibirle: tenía líneas interiores, sus hombres habían estado cavando trincheras toda la noche, y tenía más hombres y armas. Hooker esperaba que Lee repitiera lo que Ambrose Burnside había hecho en Fredericksburg, un ataque frontal a una posición fortificada muy fuerte.

El problema es que Lee no era tan estúpido. Nada de lo que él o Jackson habían hecho hasta ese momento indicaba que tuviera la intención de atacar el punto más fuerte de Hooker. Curiosamente, dos meses después, Lee hizo exactamente eso en Gettysburg y se arrepintió hasta el día en que murió.

Mientras esperaba a Jackson, Lee planeaba mantener a los hombres de la Unión enfrascados en la lucha. A lo largo del día, los dos bandos se enfrentaron en una sangrienta pelea, pero Lee ordenó a sus oficiales que no presionaran el ataque. Quería que Hooker creyera que lo haría, lo que mantendría los ojos de los comandantes de la Unión fijos en él y no en Jackson, cuyas fuerzas se despegaron para emprender su marcha de veintidós kilómetros al amanecer.

Jackson no podía tomar una ruta recta a su destino. En un momento dado, tendría que poner rumbo al sur para permanecer encubierto. El ataque de Jackson también se beneficiaría de otros tres aspectos de los que probablemente no era consciente. En primer lugar, los hombres que tenía la Unión eran en su mayoría inmigrantes recién llegados de Alemania, muchos de los cuales no hablaban bien inglés, si es que lo hacían. Esto significaba que las órdenes de sus comandantes tardaban en ser entendidas y obedecidas mucho más de lo que debieran. En segundo lugar, sus comandantes, el general Howard y el general de brigada Francis C. Barlow, eran muy impopulares por su una rígida disciplina y baja habilidad. Y, en tercer lugar, la mayoría de los regimientos de la Unión nunca habían estado en una batalla ganadora o habían participado en una acción.

Hooker recibió informes de que había movimientos a su derecha, y ordenó un destacamento para hacer seguimiento. Aunque no estaba seguro pensó que el movimiento de Jackson (Hooker no sabía que era Jackson) fue el comienzo de un retiro hacia Richmond. En caso de que no lo fuera, quería mantenerse en contacto con las filas enemigas, pero no pudo debido los duros ataques del 23º Regimiento de Georgia contra las filas de Jackson.

A las 17:30, los hombres de Jackson habían llegado a su lugar de asalto, junto al bosque y situados a lo largo de Orange Turnpike y Ely Ford Road hacia el norte. Las divisiones de Jackson estaban encabezadas por el general Rodes, a quien seguían las divisiones de Colston y A. P. Hill.

Las tropas de la Unión, en la conjunción de Ely Ford Road y Orange Turnpike, fueron comandadas por el general Charles Devens, quien tenía sus fuerzas formadas para contener el lado derecho de las líneas de la Unión. A pesar de lo que acabó sucediendo en la batalla, Devens supo gestionar bien su situación personal. Fue gravemente herido durante la batalla, pero no quiso ser sacado del campo hasta que se terminó la lucha. En la foto de abajo aparece representado en la característica postura napoleónica.

Ilustración 12: Devens durante la guerra.11

Las fuerzas de Jackson cubrieron poco menos de tres kilómetros de norte a sur. Su posición final antes del ataque estaba a unos mil metros de las fuerzas de la Unión. La primera fuerza poseía solo dos cañones, algo que fue un grave error ya que estaba al final de la línea de Hooker. Si se enfrentaban, Jackson atacaría cada unidad repetidamente por el lateral "cruzando la T". Además, los soldados se estaban preparando para cenar, pensando que otro día había pasado (para ellos) sin batalla ni lesiones.

A las 5:15, Jackson se acercó al general Rodes en su caballo Pequeño Sorrel (que en la actualidad está disecado y se exhibe en el Instituto Militar de Virginia) y preguntó: "¿Está listo, general Rodes?" Rodes respondió: "Sí, señor", y Jackson le dijo: "Puede seguir adelante entonces". Todos los hombres de Jackson habían recibido la orden de no parar *por nada*. Si necesitaban ayuda, debían enviar mensajeros de vuelta, pero seguir avanzando.

Al principio, los hombres de la Unión que estaban cerca de la conjunción de las dos carreteras no oyeron nada. Pero vieron algo. Muchas cosas, de hecho. Divisaron docenas de ciervos corriendo con pánico hacia ellos a través de su campamento, numerosos conejos por el número y bandadas de pájaros volando fuera de los árboles.

De repente, se enfrentaron a miles y miles de rebeldes con sus uniformes grises mientras soltaban el infame "grito rebelde", que según todos los relatos era una escalofriante serie de aullidos de tono alto que podían causar escalofríos a los hombres de la Unión. Jackson y sus ayudantes permanecieron en la retaguardia mientras pudieron soportarlo, pero Jackson pronto se unió a sus hombres que avanzaban, gritando y dando órdenes: "¡Presionad! ¡Adelante!"

Ilustración 13: "Hombres avanzando al frente". Jackson en Chancellorsville. Pintura de Bradley Schmehl.12

Se desató el pánico. Qué pocos hombres pudieron darse la vuelta y disparar sus armas para luego correr y no ser asesinados a tiros o heridos con bayonetas hasta la muerte. Los dos cañones fueron disparados y después abandonados: los sureños les dieron la vuelta y se los quedaron para ellos. A medida que avanzaban, las filas del sur se extendieron, permitiendo a los hombres de Colston y Hill entrar en la refriega. Tres divisiones de la Unión entraron en pánico y fueron conducidas de vuelta hacia el pequeño asentamiento de Fairview. Cientos de hombres murieron, muchos resultaron gravemente heridos y muchos fueron tomados prisioneros. Los confederados también sufrieron mucho, porque algunas tropas de la Unión, especialmente las veteranas que estaban más cerca del centro, se dieron la vuelta y lucharon duramente.

El campo de batalla estaba en completa oscuridad a las 7:30. Aunque Jackson quería atacar, la oscuridad lo obligó a detenerse. Esto permitió a las tropas de la Unión que estaban huyendo reorganizarse y formar líneas en forma de U alrededor de Chancellorsville. Los hombres de Lee al sur habían estado luchando durante la tarde, presionando a Hooker en un área más pequeña alrededor de la "ciudad".

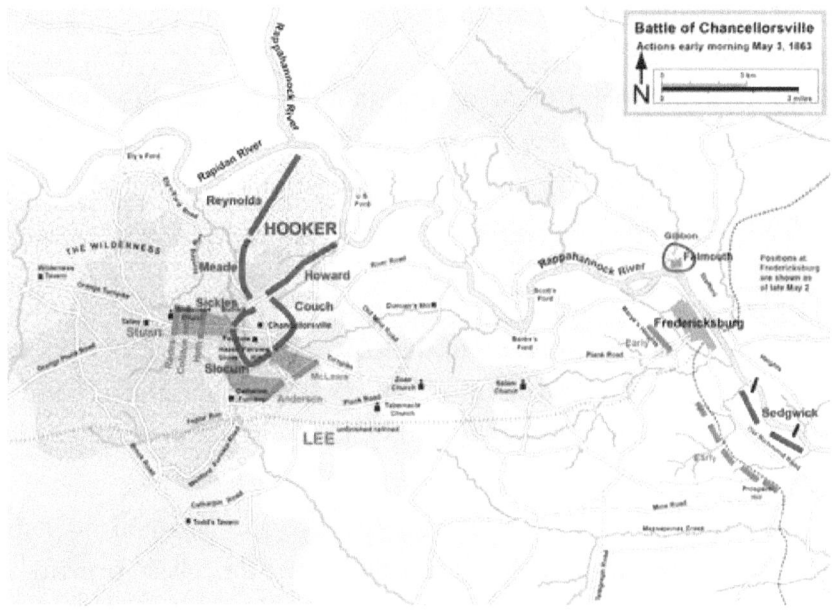

Ilustración 14: La situación en la mañana del 313 de mayo.

Al día siguiente habría más combates y, por un tiempo, Chancellorsville tendría la dudosa distinción de ser la batalla más cara de la guerra más costosa de la historia de Estados Unidos. Para el sur, sin embargo, una de estas bajas atemperó en gran medida la alegría que sintieron por su aparente victoria. En la noche del 2 de mayo, mientras reconocían sus líneas, Jackson y sus hombres sorprendieron a una unidad de Carolina del Norte, que poco antes había estado involucrada en una dura pelea con hombres de Pensilvania, incluyendo el combate cuerpo a cuerpo. Dispararon contra Jackson y sus oficiales, que gritaron: "¡Alto el fuego! ¡Alto el fuego!". Pero el comandante creía que era una treta de la Unión y ordenó a toda su unidad que abriera fuego. Jackson fue alcanzado. Recibió dos balas en el brazo izquierdo y una en la mano derecha.

Se han dedicado libros enteros a los últimos días de Jackson. Su brazo izquierdo fue amputado casi inmediatamente al llegar a su hospital de campaña. Se despertó poco después y pasó el mando a A. P. Hill, pero Hill también fue herido. El mando recayó en Jeb Stuart, que nunca había dirigido las fuerzas de infantería antes; sin embargo, desempeñó su rol muy bien al día siguiente. El 10 de mayo, Jackson murió de neumonía a pesar de que parecía que iba mejorando por momentos. Puede ser que estuviera enfermo antes de la batalla y que las heridas complicaran su estado. En sus últimas horas, Jackson perdió la lucidez. En ocasiones daba órdenes a los hombres, pero luego entendía que sus médicos le decían que tenía poco tiempo de vida. "Es el día del Señor", dijo Jackson. "Mi deseo se ha cumplido. Siempre he querido morir un domingo". Sus últimas palabras fueron: "Crucemos el río y descansemos bajo la sombra de los árboles". Al enterarse de la muerte de Jackson, Lee dijo: "Preferiría haber perdido mi brazo derecho".

Ambas partes habían sufrido enormes bajas, pero aún quedaban batallas por librar el 3 de mayo. Una de ellas ocurrió en Fredericksburg, donde el general de la Unión Sedgwick lanzó múltiples ataques contra las posiciones de Jubal Early, dándose cuenta de que eran más débiles de lo que se pensaba. Early tuvo que ordenar una retirada ordenada después de otra sangrienta batalla, y se movió hacia el oeste para unirse a Lee en sus posiciones alrededor de tres lados de las líneas de la Unión.

Los combates cerca de Chancellorsville comenzaron a las 5:30 de la mañana con los cañones confederados superando en número a los de la Unión (por primera vez en la guerra en Virginia). Atacaron sin piedad. Los hombres de la Unión estaban casi rodeados, y tenían su moral destrozada por los acontecimientos del día anterior, así que se retiraron a las 9:30 para comenzar a cruzar el Rappahannock. Durante este combate, Hooker fue herido cuando una bala de cañón golpeó su cuartel general. Una conmoción cerebral lo dejó inconsciente durante más de una hora. Cuando llegó, se negó a ser sacado del campo, pero durante el resto del día y en la retirada de la Unión, Hooker se mostró como un hombre herido y callado.

Las unidades rebeldes, que desde la carga de Jackson habían estado presionando desde el oeste y el este, se unieron en un frente sólido, pero ellos también estaban cansados de luchar. Cuando Lee se trasladó a la base en Chancellorsville le aplaudieron enérgicamente. La alegría solo se veía ensombrecida porque Jackson había sido gravemente herido.

Durante los dos días siguientes, los combates continuaron. Finalmente, el 5 de mayo, las fuerzas de la Unión ya habían sido empujadas hacia Rappahannock. Los rebeldes las habían alejado de Fredericksburg. En Washington D.C., Abraham Lincoln escuchó las noticias. "¡Dios mío! ¡Dios mío! ¿Qué dirá la gente?".

Las pérdidas de la Unión en Chancellorsville alcanzaron los 17.000, contando muertos, heridos y desaparecidos. Las bajas de los confederados fueron casi igual de malas: 13.000 hombres muertos, heridos y desaparecidos. Aunque el sur había ganado una gran victoria militar y moral, las pérdidas fueron tremendas, y tenía muchos menos hombres. Unas cuantas "victorias" más como esta, y el sur podría perder. Los hombres del sur, sin embargo, tenían un punto de vista algo más optimista: esperaban que la Unión se desanimara. Y Robert E. Lee tenía un plan para conseguirlo.

Conclusión

Después de la batalla, Hooker fue reemplazado por George Meade. A.P. Hill finalmente se recuperó y tomó el mando de Jackson.

Chancellorsville fue el logro culminante de Lee en esta guerra. Había derrotado, de una manera impactante, una fuerza de más del doble de su tamaño, y su reputación tanto en el sur como en el norte creció. En ambas partes del país, comenzaron a pensar que era un hombre imbatible. Lee nunca sucumbió a esa idea, excepto quizás brevemente durante el tercer día en Gettysburg, pero eso sería dos meses más tarde.

Chancellorsville había sacudido al ejército de la Unión y asestado un golpe a su causa. Políticamente, debilitó a Lincoln y envalentonó a sus enemigos en Washington, muchos de los cuales querían llegar a un acuerdo con el sur y poner fin a la guerra.

Para Lee, el movimiento del ejército del Potomac de vuelta hacia Washington en relativo desorden supuso un camino abierto para invadir el norte. Con este golpe esperaba forzar al norte a llegar a un acuerdo, pero esa es una historia para otro volumen de esta serie.

Referencias

Foote, Shelby. LA GUERRA CIVIL, UNA NARRATIVA: FREDERICKSBURG A MERIDIAN. Nueva York: Vintage, 1986.

Holmes, Richard, Hew Strachan, Chris Bellamy, Hugh Bicheno y el profesor de Historia de la Guerra y el director del programa Oxford sobre el carácter cambiante de la guerra Hew Strachan. EL COMPAÑERO DE OXFORD DE LA HISTORIA MILITAR. Nueva York: Oxford University Press, Estados Unidos, 2001.

McPherson, James M. GRITO DE BATALLA DE LA LIBERTAD: LA ERA DE LA GUERRA CIVIL. Nueva York: Oxford University Press, 2003.

Vea más libros escritos por Captivating History

www.ingramcontent.com/pod-product-compliance
Lightning Source LLC
LaVergne TN
LVHW042000060526
838200LV00041B/1805